〜育児に疲れていませんか？〜

子育てをブラックにしないための
最新心理メソッド

著　尾畠　真由美

三恵社

24時間年中無休、責任重大、報酬援助感謝なし、非難されまくり。
「ママ業なんてブラック企業よりひどい仕事」
と感じたことがあるすべてのママに本書を捧げます。
まず第一部の小説を読んでください。
主人公の愛《あい》さんに少しでも共感したら、
第二部のトレーニングを実践してみましょう。
あなたの中のママが、妻が、女が、
そして何より、みなさんの大切な子供たちが、
ほんのちょっぴりですが、かくじつに、
しあわせになるはずです。

目次◆子育てをブラックにしないための最新心理メソッド

第2部　ナオミさんからの手紙
——しあわせトレーニングの方法

第1部　愛のものがたり

1 ふしあわせなはじまり

母ライオンのように

愛《あい》のマンションへとなりに住む男子学生が怒鳴りこんできたのは、蒸し暑い夜中の1時過ぎでした。

男子学生は赤ちゃんの夜泣きがうるさいと抗議に来たのです。前期試験が迫っているのに勉強ができないというのでした。

愛の初めての息子、蓮《れん》くんは生後4か月です。ようやく生活のリズムが生まれてきたとはいえ、まだ夜昼なく目を覚まし、突然泣くこともしばしばでした。愛は火がついたように泣く蓮くんをあやしながら、玄関先で何度も頭を下げました。

でも男子学生は、赤ちゃんを抱えながら頭を下げるなんて誠実さが感じられないとののしり、手をついて謝れと言い出しました。

エアコンなしではいられないような暑い夜です。彼もいらいらが頂点に達していたのでしょう。

夫の達也《たつや》はじきに帰ってくるはずでした。しかしいまだ連絡がありません。最近はそんなことが多いのです。

加えて彼女のこころを重くしていたのは、朝に洗った服や下着が洗濯槽へ入れっぱなしだったことでした。彼女は自分でも他人でも不注意やいい加減なことが許せない性質です。蓮くんを授かった直後からつけていた育児ノートも、医師や看護師が驚くほど正確でした。まじめに誠実に事を進めていくのが、彼女の愛情の表し方でした。

それなのに洗濯物を干し忘れるなんて、一体どうしたというのでしょう。じつを言うとそれで悔し涙を流した気配を察して、蓮くんも泣きだしてしまったのでした。

「わたしはなんて無能力な人間なんだろう」

愛はその時、こころも体もなえていました。だから男子学生があきらめるまで頭を下げ続けるつもりでした。

しかし突然、彼女は男子学生に挑むように怒鳴りだしたのです。

彼が蓮くんに手を出そうとしたからでした。

割って入った他の住人によると、彼女は目を見開き、歯茎をむきだしにして、集まった人たちに対しても怒鳴り散らしたということです。

愛はこの出来事をきれぎれにしかおぼえていませんでした。

翌朝になって、騒動の途中で帰ってきた達也から一部始終を聞かされました。結局、達也や近所の人たちにベッドまで担がれ、ある中年女性などは夜が明けるまで愛と蓮くんに付き添ったということでした。

達也は「君はまじめすぎる。ぼくはときどき息が詰まりそうになる。蓮だってきっと同じだ。いい加減その性格を直せよ」と捨て台詞を残して会社へ出かけて行きました。

付き合っていたころも、妊娠がわかってからもこんな文句を言われたことはありませんでした。逆にまじめなところが好きだなどと口説かれたほどです。

最近達也は冷たいのです。

彼にもこの4か月の疲れが残っているのだろうと愛は思いました。

「でもあんな言い方はひどい」

蓮くんは発熱していました。

昨晩のトラブルが影響したのかもしれません。まごまごする余裕はありません。愛は病院へ電話をし、タクシーで蓮くんをはこびました。

蓮くんが診察を受けているとき、年配の女性看護師が心配そうにしている愛の手をとりました。「男の子はよく熱を出したり腹をこわしたりするもの。必要以上に深刻に考えることはありません。それよりママは大丈夫？　顔色がよくないですよ」。

「そんなことより蓮の具合はどうなの、ひどい看護師」

と愛は思いました。でもすぐに考えなおしました。

「看護師さんはわたしを心配してくれているのよ。なぜののしらなければならないの。そういえば最近は人の悪態を突いてばかりだ。わたしも疲れているのかな」

4か月目の誤算

家に帰っても、蓮くんの熱は下がりません。

洗濯も掃除も買物もしなくてはならないし、達也の頼みで役所へ行かなければならないし、実家の母へ電話も入れなければなりません。だけど愛は熱のある蓮くんから目を離すのがこわくて何もできませんでした。トイレもぎりぎりまで我慢します。まともな食事もとれません。顔を洗っていないことに気づいたのは夕方でした。

産後4か月を経て肉体的には楽になったのです。それまでは蓮くんの首が据わらず、両手で抱えなければいけない状態だったのですから。両手を縛られたまま日常生活を送らなければならないとなったら、屈強な男でも数日で悲鳴を上げるはずです。愛はそんな人生最大の危機を乗り越えたのです。

ところが身体が楽になるとよりたくさんのことを考えるようになります。しかも悪いことばかり。

たとえば、髪にブラシも通さない格好では、達也はまたネクタイも解かぬうちにため息をつき、甘えるなと言い放つだろうな、とか。

そのうち不倫でもされるんじゃないか、とか。

こっちはこころも身体もたいへんな時期だったのに、そんなことをされたら絶対に許せない、とか。

でも実際にそうなったら、わたしと蓮の未来はどうなるんだろう、とか——。

妄想はいつも暴走を始めて、愛を落ち込ませるのでした。

しかし憂鬱な思いは蓮くんが一掃してくれます。

彼女は、リビングの真ん中にあるソファにタオルケットをいくつも重ねて蓮くんを寝かせました。テレビもつけず、ラジオも流さず、音楽も聞かず、ひたすら蓮くんの寝顔を見つめます。息に手をかざし、時々胸に耳をあてて心臓の鼓動に聴き惚れます。

愛は世界中のどんな子役やキャラクターも、ねむるわが子ほどかわいいものはないと思いました。それが自分から生まれたことと自分が育てなければ果ててしまうことに、誇りと責任を感じていました。

こんな気持ちになったのは生まれて初めてです。

独身時代は子供嫌いで通っていたのに。

しかしその覚悟には、敵が多いこともわかってきました。

たとえば昨晩の事件のように、子供や子育てへの無理解は世間にはびこっています。

あかの他人ばかりではありません。

同じ親でも男と女では、子育てへの取り組みが違うのだと、彼女は何度も思い知らされました。

さて蓮くんのおむつを換える時間になりました。

ストックは納戸にあります。納戸には日用品や離乳食、それぞれの両親から贈られた産着やおもちゃや人形が山積みです。中でも場所をとっていたのは、作りかけのベビーベッドでした。

4か月前の出産前後に1か月の育児休暇をとった達也が日曜大工で作ろうとしたのです。しかしホームセンターで材料を調達したものの、釘を打ち損じただけで嫌になり、納戸に押し込めてしまったのでした。

愛は納戸へ来るたびにその残骸を見ていらいらします。

ベビーベッドの失敗だけでなく育児休暇中の達也は育児を助けるどころか、愛ががっかりするようなことばかり繰り返しました。

料理をしても片づけない、洗濯をしてもたたまない、買物を頼めば余計なものばかり買う。おっぱいに吸い付く蓮くんに嫉妬する——。

愛の仕事は倍になりました。今でも役立つことと言えば、おむつやトイレットペーパーといったかさばる買物に「ぼくは荷物持ちかよ」などと文句を言いながらも付き合ってくれることくらいです。

そのくせ外面《そとづら》はいいのです。

親子三人で知り合いに会うとなると蓮くんを抱きかかえるのは必ず達也です。そして育児の苦労話を披露するのですが、ほとんどは愛が彼に苦労を訴えた話です。

ベビーベッドは達也のずるい一面の象徴のように愛には思えました。


姑や舅も敵です。

近所に住んでいるのをいいことに、毎日のようにやってきては蓮くんの様子を眺め、自分たちが経験した子育て

方法を愛に押しつけ、ご飯まで食べて帰ります。

それなのに愛の体調がすぐれなかったり、出かけなければならないようなときでも、預かろうなどとは言い出しません。

達也に訴えると、初孫なんだからうれしくて仕方ないのだろうと一蹴されます。彼は、食事くらいで文句を言うなんて君は何だか変わってしまったねなどと、おおげさに嘆くのです。

しかし姑よりひどいのが実の両親でした。

愛は大学入学を機に上京し一人暮らしを始めました。親は反対しましたが自分の力を試したかったのです。以来離れ離れに暮らしています。就職や結婚は事後承諾でした。

妊娠の報告も臨月に入ってからでした。両親は驚いていましたが、祝い金やおもちゃや五月人形をせっせと送ってきました。しかし愛が愚痴を言うと、自分で勝手に決めたんだから自分で何とかしなさいの一点張りなのです。ちょうど1週間前、そのことが原因で母親と大げんかになり、以来2日に1度はあった電話が途絶えていました。

半年前に引っ越したばかりで、マンションにも知り合いはいません。それどころか、昨晩の騒動で自分は危ない人だと思われているに違いないと愛は思いました。

そういえば隣の大学生の部屋から壁を叩くような音が聞こえる気がします。それだけでなく天井からも物音がします。気のせいだと思ってみても、一度も来たことのない山奥でひとり道に迷ったときのような気持ちになって、思わず叫びだしそうになります。

そんなことを考えていると、愛のスマートフォンにのぞみから連絡が入りました。大学時代からの友人でＩＴ企業に勤めています。蓮くんの誕生を誰より喜んでくれた友人が彼女でした。

「元気？　こんな記事見つけた。参考にしてね」

添付されていたのは「もう常識!?　遺伝情報をもとに子供をすくすく育てる」と題された外国の教育専門家のエッセイでした。のぞみはネットで目についた育児関連の記事をせっせと送ってくるのです。そのくせ自分は子供なんかいらないわとうそぶきます。最初は送られた記事を隅々まで読んでいた愛でしたが、最近はファイルも開かなくなりました。

4か月前、愛は幸せの絶頂にいました。愛する達也にそっくりな顔をした蓮くんを授かり、誰からもおめでとうと言われた日々。のぞみはあの時、わたしや蓮くんをうらやましそうに見つめていたっけ。

一体どこで何が狂ってしまったのだろう。

「いつもありがとう。蓮もわたしもしあわせ一杯！　参考にするね」

愛はスマートフォンにのぞみ宛の返信を書きました。
しかし幾度も迷ったあげく、結局送信しませんでした。

2 しあわせの意味

しあわせがわからない

お食《く》い初《ぞ》めとも呼ばれる「百日《ももか》の祝い」は生後100日よりだいぶ遅れて行われました。

達也が愛の手料理で祝うことにこだわったからです。しかし愛は蓮くんが愛の手を離れると泣きだすので準備ができません。達也にも応援を頼んだのですが、ぼくには料理も蓮の世話もできないと拒みます。そのくせ自分の母親なら一人で全部できるなどと言うので、一時は離婚という言葉が飛び交うほど険悪になりました。

結局、祝いの席は料理店に設えられました。

達也の両親と愛の両親、そして愛の兄が出席しました。

愛の兄は仁《じん》と言います。

数年前に半年ほど働きに出ましたが、それ以外は自宅に引きこもったまま。何をして食べているのか愛は知りません。

蓮くんは誰があやしても愛を求めます。飯粒を唇に載せたり、膳の前で写真を撮ることはできましたが、あとは愛のおっぱいを含んでいないと泣くばかりです。こうなると達也も両家の親も処置なしです。

蓮くんのことを愛に任せきりにすると、話題は自然に蓮くんの将来のこと

になりました。

七人は七通りの未来予想図を描いていました。

姑が蓮くんの進む大学まで決めていたのに愛は驚きましたが、達也がその意見に強く反対して別の大学の名前を言った時には開いた口がふさがりませんでした。夫婦では話したこともなかったからです。

理由もおかしなものでした。姑は自分が女学生だった当時の憧れの先生の出身校だから、達也は自分が会った一番頭の良かった人物の出身校だということでした。

二人の話を聞いて今度は舅が、学校はどうでもいいという意見を述べました。愛はその意見には賛成しましたが、その後の言葉にまた首をかしげました。学校なんかどうでもいいんだ、男はどんな仕事をするかだよ。それでしあわせな一生が送れるかどうかが決まる。

愛の母は、強い子に育ってほしいと言いました。少々の困難ではへこたれない強いこころと身体の持ち主になってほしいというのです。母はよくそう言って、駄々をこねる幼い愛や兄の仁を折檻《せっかん》しました。人前でびんたをされたことも一度や二度ではありません。兄が働くのをやめたのも、自分が実家を飛び出したのも、母への反発が遠因だと愛は踏んでいました。でも母はそれに気づいていません。

一方、愛の父はとくにないと言って場を白けさせました。愛の母も呆れています。愛は自動車工場の技術者として長年現場に居続け、出世しない父が、陰では母から馬鹿にされ、娘婿の達也にも軽く見られていることを知っていました。愛は好きでしたがそれでも時折、寡黙な父にいらいらさせられることがありました。

兄の仁にはさらに呆れさせられました。楽しく生きることができればそれでいいんじゃないのかと答えたからです。

「学歴も仕事も健康も、とどのつまりは楽しく生きるためにある。だから何でも楽しめるような感性を伸ばしてやればいいんだよ。ストイックに生きたっていいことはひとつもない」

偉そうな意見を言うまえに働けよと愛は思いました。

達也は愛の意見も尋ねました。愛はしばらくおっぱいに顔をうずめて眠っている蓮くんを見つめました。自分が、蓮くんの将来について具体的に考えたおぼえがなかったことに気づいたからです。そこで、一番単純で素直な気持ちを言葉にしました。

「わたしは、蓮にしあわせになってほしい」

達也は舌打ちをしました。

「だから、どうすれば蓮がしあわせになるかを、みんなで話し合っていたんじゃないか。おまえもお父さんやお兄さんに似て呑気だな」

「馬鹿にされた」。愛が思ったと同時に蓮くんは生えたばかりの前歯で愛の乳首をかみました。

今までにない強い痛みでした。

おおきなきれつ

「百日の祝い」から数日後、達也の両親から乳幼児教育の会やスポーツクラブ、果ては私立小学校の入学案内までが大量に送られてきました。追いかけるように姑から電話が入りました。

姑は最初こそ年寄りの余計な心配だと笑って欲しいと控えめでしたが、愛があまり教育に関心をもっていないのが不安であることや、達也は多忙であり愛の両親ものんびりした考えをもっているようなので、蓮くんの教育は自分たちが中心になってもいいこと、ついては同じ月齢の赤ちゃんより発育が遅い気がするので、達也の時代から世話になっている小児科医に診てもらおうと考えているなどと立て続けに話しました。

遅くに帰った達也はいつもならシャワーもそこそこで寝てしまうのに、その日は送られたパンフレットに夢中でした。まるでおもちゃのカタログでも見るように目を輝かせています。

翌日には書店でたくさんの育児本を買い込んできました。新米ママの安心育児ガイド、天才脳はこう育てろ、賢いパパのコーチング読本、男の子はこう叱れ、あなたの子供をハーバード大学へ入学させる方法、赤ちゃんは育てたようにしか育たない、遺伝情報を育児に活かせ——。

そして愛に、これらを全部読んでレポートを書けと言います。

愛が冗談じゃないと怒ると、達也はプロジェクトを成功させるのに資料を網羅するのは基本の「き」だといきり立ちました。

「達也さんが読んで」

「何を言うんだ。子育ての責任者は母親だろう」

「二人の子供だわ」

「男親は嫁と子供を食わせていくっていう大きな責任があるだろう。残念ながら、子育てはあくまでサポート係さ。男は子供に泣かれたっておっぱいをやることもできないんだぜ」

「他にもできることがたくさんあるじゃない」

「だから夜遅くまでへとへとになるまで働いても、こうして蓮の将来を考えているんじゃないか。蓮が夜泣きしたとき、ぼくは文句を言ったかい。きみが朝めしを作れなかったときだって黙って出かけただろう。会社で上司に叱責された鬱憤をおまえや蓮にぶちまけたことがあるかい。おっぱいあげたり、おむつを換えるなんて単純労働じゃないか。そんなのは子育てのうちに入らないよ。少なくともぼくは認めない。『しあわせになってほしい』ってなんだよ。笑わせるな」

愛はもう話し合うのも嫌になりました。

その夜、愛が蓮くんに添い寝をしていると、同じ布団に達也が入ってきました。そして「さっきは言いすぎた、仲直りしよう」とささやくと、愛の胸に手を伸ばしてきました。

「きたない手で触らないで。大切なおっぱいなのよ」

愛は小さいけれど鋭い声で達也を拒みました。

翌朝から、二人は目も合わせなくなりました。

親切な兄弟

数日後、愛は蓮くんを連れて買物に出かけました。

蓮くんはバギーに乗せると泣きだしてしまうので、抱っこひもで愛の身体に縛りつけます。暑い盛りなのでそれだけで汗だくです。ティッシュや紙おむつや離乳食の材料といったかさばる荷物をバギーへ山積みにして帰る時分になると、愛はへとへとでした。

でも達也には頼みたくありません。

意固地なところが可愛げがないと、むかし母に言われたことがあるのを思い出しました。達也も同じように感じているのでしょう。愛はまた悔しい思いでいっぱいになりました。

スーパーの軒先に並ぶ自動販売機のまえで小学生の男の子たちが騒いでいました。中学年だと思われる背丈です。一人だけ幼稚園生みたいに小柄な少年がいました。話の内容からは彼も同級生のようです。

小柄な少年は仲間に取り囲まれ、全員から身体中をねじられていました。悪ふざけに見えましたが愛はそれが誤解であることに気づきました。荒々しい蹴りが彼の腹や背中を見舞ったからです。

とっさに蓮くんの汗ばんだ髪をなでました。この子はいじめに遭わせたくない。そんなふしあわせな人生を送ってほしくない。愛の目から涙がこぼれました。

愛自身もいじめを受けた経験があります。中学、高校。社会人になってからはパワーハラスメントにも悩まされました。真面目で妥協しない性格を生意気と見られることが多かったのです。

のぞみに連れて行かれた合コンで知り合った達也は好みとは程遠い男でした。でも蓮くんを宿したとわかったときに産むことを選び達也に結婚を迫ったのは、ハラスメントから逃れたいという思いもあったからでした。その後、達也のことはちゃんと好きになったけれども。

しかし、ハラスメントという牢獄から解放された一方で、問題に正面から取り組まず「逃げだした」といううしろめたさが彼女にはありました。それはハラスメントで傷ついたこころの、さらに奥のほうを攻め続けました。その呪縛から解き放たれるには、子育てを成功させるしかないと彼女はこころに決めていたのです。

彼女はもやもやした思いを抱えて帰り道を歩きました。

足がもつれてバギーとともに倒れたのはマンションの共用玄関でした。とたんに蓮くんがひきつけでも起こしたような声で泣きました。

「うわあ、赤ちゃんがたいへんだあ」

少年の甲高い声が聞こえたのはその時でした。少年はオートロックを解錠しようと、パネルのまえで背伸びをしていた最中でしたが、愛に走り寄るとおむつやティッシュの袋を拾い、起こしたバギーに詰め直しました。スーパーでいじめられていた少年でした。赤ちゃんに怪我はないかと愛に目で尋ねています。

「大丈夫よ」

愛は答えましたが腰を打って立てないことがわかりました。少年はオートロックのインターフォン越しに誰かへ話しかけました。すぐにサンダル履きでがに股の不良がかった高校生が現れました。

「なんだこりゃ。おい、上の兄ちゃんも呼べ」

高校生に言われて少年が再びインターフォンを使うと、今度はポロシャツの襟を立てたスポーツマン風の青年がやってきました。

「奥さん大丈夫ですか。赤ちゃんに怪我はありませんか」

「ありがとう。ほんとにありがとう」

三人は手分けして、蓮くんを抱いた愛とバギーと荷物とを部屋に運びました。そして愛が礼を言う隙も与えずにどこかへ帰って行きました。


大型マンションでは利用階が違ったり生活時間帯が異なると、住人同士でもめったに顔を合わせないものです。愛は三人にお礼が言いたいと思いましたが、蓮くんがいるので探しまわるわけにもいきません。夜中に帰ってきた達也に話してみました。

返ってきた答えは「で？」。

愛には予想通りの答えでした。

彼女は蓮くんと外出するたびに町行く子供らに目を凝らしました。三兄弟に似た背格好の子供はいくらでもいました。しかし三人は見つかりません。

しかしその週末に、少年は向こうからやってきました。

3 聴くひと

ふしぎな目

あの幼稚園児のように小柄な少年が愛の家にやってきたのです。少年は母親に連れられていました。笑顔が似合う派手な目鼻立ちです。

母親は休日の午前に突然訪れた非礼をわび、理由を説明しました。

少年が蓮くんにどうしても会いたいと駄々をこねたというのです。三人兄弟の末っ子の少年は、兄二人と年が離れているので以前から弟がほしいと思っていたということです。そこへ先日の事件で蓮くんと出会ったのでした。少年はあの日から、あんな弟が欲しいと母親にねだり続けているのだということでした。

「欲しいと言われても一人じゃできないから、ねえ」

母親はそんなことを言って舌を出しました。

愛は嫌な感じがしました。

妙に人慣れしていると思ったからです。

こういう人はネットワークビジネスか詐欺師か宗教の勧誘かに決まっているると彼女はいぶかりました。すると母親は愛が警戒線を張ったことに気づいたようで、

「びっくりさせてごめんね。お客さま相手の商売が長くてどうしてもこうなっちゃうの。セレクトショップやってるんだ」

そう言うと、山手線の内側のある町の名前を出しました。悪い人ではなさそうでした。達也はまだ寝ていましたが、愛は二人をリビングに通しました。

少年は名前をソラと言いました。もしやと愛が尋ねると一番上の子がリク、次がカイでした。母親はナオミさんと言いました。親子４人の母子家庭で、愛たちの真上の部屋に住んでいました。

ソラちゃんは寝ている蓮くんを起こさないように気づかいながら、いろいろな角度から蓮くんの寝顔を観察しました。

小さな目をどんぐりのように開いています。

寝顔だけでなく小さな握りこぶしやハムのような足、丸い首のしわまでうっとりと眺めると、ナオミさんにやっぱり弟が欲しいなと言って嘆息するのです。やさしい男の子です。愛はこんな子がいじめられているなんて許せないと、ナオミさんに先日スーパーで目撃した光景をそっと耳打ちしました。するとナオミさんは、

「知ってる。でもほら、いじけてないでしょう。これがソラの強み」

と笑いました。

それからソラちゃんは愛の家を訪れるようになりました。

彼が来るまえには必ず母親から連絡が来て、失礼なことをしたら遠慮なく叱ってくださいと頼まれました。でもソラちゃんは行儀のよい子でそんなことは一度もありません。そのうちに蓮くんはソラちゃんの顔を見て笑うようになりました。

ある日、ソラちゃんは自分が赤ちゃんだったころの写真をもってきました。ナオミさんに抱かれてすやすや眠っている様子が写っています。かわいいねと愛が笑うと、ソラちゃんはこの写真を愛にあげると言います。大切

な写真だろうから受け取れないと彼女は断りましたが、ソラちゃんはどうしてもらってくれと言って聞きません。

仕方なく愛は写真を受け取り、その代わりに蓮くんの写真をあげることにしました。ソラちゃんはまるでレアなトレーディングカードを手に入れたみたいに喜び、ポケットに入れた蓮くんの写真を幾度も取り出しては、しげしげと眺めました。

しっかりしているとはいえ、そういうところは子供でした。それに幼い動作で愛をヒヤヒヤさせることもありました。もしもの場合を考えて愛はナオミさんも一緒に来てくれるよう頼みました。

思いがけない訪問者

ナオミさんやソラちゃんが愛の家に出入りし始めたころ、達也の帰りはさらに遅くなりました。

終電で帰宅する日が数日続いた後、明け方にタクシーで帰宅する日がありました。理由を尋ねると、同じ部署の人間のほとんどが会社に居残っているのだと言います。

「なぜそんなことを訊く。ぼくが浮気しているっていうのか。そんなに暇に見えるか。一日中家にいる主婦とは違うんだぞ」

このころになると達也は、会話の片隅にかならず嫌味や小言を混ぜるようになりました。愛も同じように反撃します。それが達也をさらに不機嫌にさせ、彼の不愉快そうな態度で愛がまた腹を立てるという毎日が続きました。

愛はストレスから帯状疱疹に罹りました。

蓮くんも水疱瘡になってしまいました。

そしてその日から達也は家に寄り付かなくなりました。忙しい時期に病気が移ったらたいへんだというのです。実家で寝泊まりするようになり、彼は戻ってこなくなりました。

メールをしても返信が来ません。電話も出るのは3度に1度。それが5度に1度になったころ、愛も達也に連絡をしなくなりました。


夏は盛りを過ぎ、朝晩の空気に秋の気配が漂い始めました。

愛は電話に出ず、メールやメッセンジャーに返信もせず、窓も開けなくなりました。掃除も洗濯も怠りがち。部屋は荒れ放題です。

楽しみだったナオミさんやソラちゃんの訪問も断りました。

日がな一日蓮くんのそばに横たわり、蓮くんが泣いたらおむつを換え、離乳食を与え、乳首を含ませる毎日です。

母乳は出ません。

帯状疱疹に罹ったころからぴたりと止んでしまったのです。

そんな折、母から電話がありました。

何か変わったことはないかと訊きます。虫が知らせたというのです。図星だったことに驚いて、愛は反射的に親子でも失礼じゃないかと怒鳴り、電話を切ってしまいました。

「だれもわたしの気持ちなんて考えてくれないんだ！」

夜中に目覚めると、蓮くんとともにいっそこの世から消えてなくなろうかなどと考えます。そんなときはバスルームへ閉じこもります。そしてシャワーを浴びながら思い切り泣くのです。

蓮くんはおぼえたばかりのハイハイで、愛の後を追いかけてきます。でもこのときだけは、愛は浴室のドアを開けませんでした。

開けると何をするか自分でもわからなかったからです。

でも明日はどうなるか。

愛は自信がありませんでした。

やがて食料が尽きました。

愛は人目を避けてドラッグストアへ行き、当座のレトルト食品だけを買いました。レトルトの離乳食を食べさせるなんて少し前には考えられなかったことです。最低の母親だと愛は落ち込みましたが、それが精一杯でした。

ところが必死になって調達したそのレトルト食品を、蓮くんは食べません。あきらめて乳首をあてがっても嫌がります。

それにひどく泣くようになりました。

睡眠や排便のリズムもめちゃくちゃです。

繊細な乳幼児にはよくあるのです。愛も知っているはずでした。どんなに健康で明るい乳幼児でも、不調やぐずりが起こるのは不思議でもなんでもないのです。

しかし、いまは常識も当たり前も目に入りません。

「蓮の不調はすべてわたしのせいだ。蓮はダメな母に育てられ、ダメな大人になっていく。頑ななわたしのこころはわたしの人生だけでなく、子供の人生まで蝕もうとしている。わたしはいま、蓮くんの一生を台無しにしようとしている」

考えれば考えるほど、その考えは正しいように思えます。

でも……誰か助けて。

しかし誰もいません。

彼女の不安と絶望はさらに深まりました。

そのとき玄関のチャイムが鳴りました。一度でなく幾度も。

玄関モニターに映っていたのはナオミさんの姿でした。

「あなたのお話を聴きにきたの」

ナオミさんは、以前ソラちゃんが置いていった写真を返して欲しいと言いました。彼が勝手に持って行ってしまったというのです。

愛はドアを開けたくありませんでした。

明日にしてほしいとモニター越しに返事をしました。しかし申し訳ないがどうしても今日手に入れたいのだとナオミさんが言います。

愛はドアをほんの少し開けて写真を差し出しました。ところがナオミさんは写真を受け取っても帰りません。愛は取り込んでいるから帰って欲しいと再度訴えましたが、ナオミさんは決して帰りません。

「今、本当にだめなんです。ほんとうに……」

「ごめんなさい。ちょっとだけ付き合ってくれない。実は愛さんに用があるの。それが終わったらすぐに引き上げる。だからここを開けて」

「いやです」

「大事な用があるのよ」

「わたしにはありません」

「そりゃあ、愛さんにはないわ。でもあたしにはある。しかも、あたしにしかできない用事。そして緊急なの。大急ぎなのよ」

「どんな用事ですか」

「あなたのお話を聴くことよ、愛さん」

愛はドアを開けました。

ナオミさんは玄関に一歩足を踏み入れると、雑然とした室内を眺めて
「よくがんばったわ」と愛を抱きしめました。

彼女がなぜそんなことを言うのか、愛には理解できませんでした。

でも彼女は泣き崩れてしまいました。号泣したのは遠いむかし、母に叩かれ、玄関先に立たされて以来でした。

二人は夕食も摂らずに話をしました。

ナオミさんが愛の家を訪れたのは、その日、長男のリクがドラッグス

トアで買物をする愛を見かけたからだということでした。その様子が異様だったので彼はナオミさんに話したのです。以前から愛の変化が気になっていたナオミさんは、よくないことが起きているかもしれないと直感したのでした。

説明を聞いたあとは、愛が一気呵成に話しました。ナオミさんは「わかるわ」とか「もっと教えて」とか言ってうなずくだけです。

蓮くんがぐずると、愛の顔に笑みが戻りました。彼女が乳首を含ませると蓮くんはいつもより強く吸いました。乳房どころか、胸の奥の心臓まで吸い込んでしまいそうなほど強く――。

蓮くんの口からあふれるくらい、たくさんのおっぱいが出ました。

達也からの最後通告

愛はナオミさんという話し相手を得ました。

気が楽になったからか、部屋の片づけや料理もできるようになりました。しかしまだ愛以外の人に連絡する勇気が湧きません。

するとある日、愛の母が家を訪ねてきました。

友人との旅行のついでに、父から愛の様子を見に行けと言われたそうでした。母は珍しく饒舌でしたが、思春期からずっと反発心を抱いていた相手です。先日の電話のこともあります。やさしさを素直に受け取る気にはなれません。

すると蓮くんをあやしながら母が言いました。

「やっぱり、あれがよくなかったのかしらね」

「あれって何」

「あなた無痛分娩だったでしょ」

「だから何」

「お父さんがあんたの様子が変だって言うのよ。最近は全然連絡してくれなかったでしょう。だから考えたの。ねえあなた。粉ミルクは」

「あるけどふだんは母乳だよ」

「やっぱりそうなんだね」

母は蓮くんを腕の中で揺らしました。蓮くんはいやがって、愛を求めて手を伸ばすと、じきに泣きだしました。

「あらあら。あなた抱っこしてばかりいるでしょ」

「ねえ、さっきから何だっていうの」

「なんだじゃないわ。心配してるのよ。赤ん坊っていうのはね、抱っこばかりしていると抱き癖がつくものなの。首が据わったらどんなに求めたって抱くのをやめないと。ミルクは粉ミルクにしなさい。あれは母乳よりいいんだから」

「そんなことないよ。それ全部うそだよ」

「何を言ってるの。あなたたちを産んだ時、親しい産婦人科の看護婦さんから聞いたのよ。雑誌とかテレビとかじゃないから間違いない」

「だから古い情報なんだって。のぞみの情報のほうがまだましよ」

「のぞみさんてあなたの友だちだっけ？　それがどうしたの」

「もういい。何も言わないで」

「いいえ。言うべきことはちゃんと言わないとね。子育てに古いも新しいもないの。後悔しても遅いのよ。もっと真剣にならなきゃだめ。軽く考えるのは、あなたが無痛分娩だったからよ。産みの苦しみを味わってこそ母になるんだから。それを知らないのは半人前」

とうとう愛はキレてしまいました。母はなぜ愛が怒っているのかもわからない様子でしたが、父から預かったという愛と蓮くんあての小遣いをテーブルに置くと家を出て行きました。愛は蓮くんとともに、火がついたように泣きました。

その翌日、愛のスマートフォンに達也からメールが来ました。

離婚を迫る内容でした。

「性格の不一致」が理由として挙げられていましたが、長いメールで一番多くの紙幅が当てられていたのが、蓮くんの教育に対する愛の不勉強への非難でした。

現代の幼児教育はゼロ歳児から始まっている。スタートで差を付けられると、よい幼稚園、よい小学校、よい中学校、高校、大学、引いてはよい企業に就職できなくなってしまう。たとえ遅れを取り戻せたとしても子供に過大な負担をかける。将来を見据えて適切な計画を立てるのは親の責任なのだ。健康であればとか、しあわせになれば、などといった漠然とした考えでは、子供を負け犬にしてしまう。

その点、愛は蓮くんの母親として不適格である。そこで蓮くんを実家に引き取り、両親と達也と三人で育てる。そのための離婚と親権に関する協議を開始したいということでした。

愛は達也のスマートフォンに電話しました。

しかし時すでに遅く、着信拒否に設定されています。彼の実家に電話をしましたが、電話口に出た姑はとりつく島もありません。

達也に対してはもう、憎しみしかありません。

「蓮を取り上げられたら、わたしは生きていけない」

電話を切ったとき、頭に浮かんだのはナオミさんの顔でした。

いくら好感のもてる人物でもナオミさんはあかの他人です。

しかも同じマンションの上と下なのです。ごく身内のトラブル、しかも離婚話など打ち明けられるわけがありません。

他人の口に戸は立てられないからです。

でも愛は、息子がもってきた写真を返せなどという無理やりな方法でドアをこじ開けたナオミさんを信じることにしました。

4 前を向きたい

ナオミさんのひみつ

「まえに愛さんがお隣りの学生とけんかした時があったでしょ。あの時、あたしもいたんだ。夜中に騒がしいから文句を言ってやろうと思って降りてきたの。でもお母さんライオンみたいに吠えてる愛さんを見て『ああ、以前のあたしと同じだ』と思った。ベッドまで運ぶのを手伝ってさ。愛さん、眠っているときに涙を流してた。よほどつらかったんだなあって思ったよ。実はそれからずっと気にかけてたの。赤ちゃんを育てるのはそりゃあたいへんだもの」

ナオミさんは実感のこもったため息をつきました。

「そうだったんですか」

「さてと、事情はだいたいわかったよ」

愛の話を聴いたナオミさんは言いました。

「よく相談してくれたわ。自分ひとりで何とかしよう、何とかできるはずだ。そこで行き詰まってしまう人が多いんだよね。結局、身もこころも子育てできる状態じゃなくなってしまう。育児放棄とか虐待とか、かなしいニュースがいっぱいあるじゃない。助けてって言えただけでも、愛さんは母親合格だと思うな。うん、本当によかった」

愛は肩の力が抜けていくのがわかりました。

「何でも話していいよ」

「ありがとう、ナオミさん。でも……」

「あれ、信用してないね。……仕方ない。あたしもひみつをひとつ言うね。あたし、セレクトショップをやるまえは銀座に勤めていたの」

「銀座？」

「デパートじゃないよ。クラブのチーママをしていたの」

ナオミさんは10年以上ひとつの店に勤め、妊娠を機に辞めたということでした。銀座で稼いだ貯えでショップを開業し、今は女手一つでマンションのローンを払い、息子三人を育てていると胸を張ります。

「銀座のクラブっていうのは大人の男たちがいろんなおしゃべりをする場所。色恋の話もあるし商談とか人事の話もある。耳に入った話をぺらぺらと他人にしゃべる女の子には無理なお仕事なの。だから信用してくれるとうれしいな。それとね……」

「それと？」

「職業柄いろんな人を見てるんだ。表の顔も裏の顔も知ってる。客商売の強みだね。だからどんな話も受け止められる自信はあるんだ。遠慮しないで話して。セックスの悩みだっていいのよ。世の中にはいろいろいるんだから」

「いえ。それはいいです」

愛は顔を赤くしました。でも彼女は、話が進むうちにきっと、達也が汚い手で愛の胸をさわろうとした晩のことをナオミさんに話すだろうと思いました。

ナオミさんは愛の手を両手で包み、何度もうなずきます。

それから思い立ったように言いました。

「今、愛さんにできることって何だろう」

「蓮と一緒にいること、です」

「うん。そうだね。蓮くんのそばにいて蓮くんを守る。たしかにとっても大切。じゃあ実際に何をすればいいんだろう」

「というと?」

「蓮くんはまだ赤ちゃん。大人の助けがなければ何もできないよね」

「ええ。だから毎日しっかり面倒を見ているつもりです」

そう言って愛ははっとしました。気持ちが行き詰まって蓮くんの世話すら億劫になった数日間のことを思い出したからです。

「うん。愛さんはとてもしっかりしている。大丈夫」

ナオミさんがうなずいたので、愛は逆に恥ずかしい思いがしました。

「他にはないかな？」

「他ですか？」

「たとえば愛さんが旦那さんの立場だったらどうする？」

「生活費の支払を止める」

「そうされたらたいへんね。他には」

「蓮を奪いに来る」

「そうなったらどうする？」

「ぜったいに手放さない」

ナオミさんはうなずきました。

「法律を盾に取ってきたら？」

「そんなことさせません」

愛は自分の声が震えているのを感じました。かたわらで眠っている蓮くんが目を覚まして泣き始めます。敏感な蓮くんはまるで母親のこころの動きがわかっているかのようでした。ナオミさんは蓮くんを抱き上げるとおもしろい表情をしたり、ガラガラを鳴らしたりしました。

「いつも感心するんだけど、愛さんてとても勇気のある人だと思う。でもそうやってパパとママが争ったら、蓮くんはどうなっていくかな」

「ナオミさんは蓮を達也に引き渡せと言うんですか」

愛は声を荒らげました。

「違うの。他に手段はないだろうかってね」

「他の手段。そんなものはありません」

「そうね。たとえば……」

ナオミさんはあたりを見回しました。そして蓮くんの枕元にあった育児ノートを取り上げ、見てもよいかと愛さんに訊きました。愛さんはうなずきました。「育児ノートなんか見て、どうする気だろう」。

ソラちゃんが苦手だったこと

「真面目だねえ。あたしもつけてたんだ、育児ノート。でも続かなくて。最初の子のときも2番目のときも3番目も。これ、愛さんの強みだ」

愛はそのとき、以前、ナオミさんが同じ言葉を使ったことを思い出しました。強みって何だろうと彼女は思いました。

ナオミさんはノートを見ながら、ソラちゃんのことを話し始めます。

ソラちゃんは、実は赤ちゃんがきらいだったそうです。

彼がまだ3歳だったとき、親戚の家にできた赤ちゃんに興味津々で触っていたらいきなり噛みつかれ、それ以来自分より小さな子供と遭遇するたびに泣いていたのだとか。とくに生えかけの前歯が口から覗くと、血相を変えて逃げていたということでした。

これでは保育園に預けられません。ナオミさんは懇意にしていた保育士の勧めで、ソラちゃんに赤ちゃんをよく観察させることにしました。

最初は同じ部屋にいただけで泣いていたソラちゃんでしたが、やがて赤ちゃんとの距離を詰めていきました。まず泣き声がうるさいことに怒り、つぎによだれで口の回りが濡れていることをせせら笑い、耳たぶがやわらかくてちぎれてしまいそうだとか産毛がくすぐったいとか言うに及んで、ある日こう言ったそうです。

「ぼく、赤ちゃん好きかもしれん」

好きになると大切に扱うので、赤ちゃんのほうも噛んだり引っ掻いたりしなくなります。

ソラちゃんはその理屈を保育士に教えられて以来、自分をきらったり、攻撃したりする相手に遭遇すると、相手のことを好きになろうとして、よく観察するくせがついたのだということです。

「おもしろいよね、ものの見方なんてぱっと変わるんだもの。ソラなんて最近は『ぼくは赤ちゃんのときから赤ちゃんが好きだった』なんて言うのよ。むかしは怖くて泣いていたくせに。でもあたしもソラを笑えない。あたしね、リクを産むまでは子供が大嫌いだった。電車の中とかで小さな子供のいる親子連れとかに遭うと舌打ちしてたくらい。でもね、リク、カイ、ソラのおかげで子供が好きになったの。今じゃやさしい町のおばちゃん。でもいいわね。世の中ってあれも嫌いこれも嫌いって言っているより、あれも好きこれも好きって思っているほうが幸せなんだよ。子供たちに教わったわ。人生で大切なことはだいたい子供が教えてくれるものなの。うん。銀座よりもセレクトショップよりも、影響は大だったな」

ナオミさんはそう言うとノートを閉じました。

「もうひとつ、あたしの秘密を教えるね。あたし離婚経験があるんだ。二度も。リクの父親とは死別したの。会社経営が行き詰まってね、借金を返すために自殺しちゃったんだ。二人目はカイとソラの父親。やさしいけど弱い人でね。この人も一時は羽振りがよかったんだけど、陰で博打とクスリに手を染めて。悩みをひとりで抱え込んでたらしいんだ。で、すったもんだの末に離婚したってわけ。二人とも恨んだよ。なんで勝手に死ぬんだって。なんで一緒に悩んでくれなかったんだって。どっちも赤ちゃんみたいにわがままなタイプだったからね。それで逆に、あたしが何とかしてあげられたんじゃないかって思い込んだんだ。あたし荒れちゃってね。子供らには迷惑かけた」

「そんなふうには見えません」

「ひどい時代があったの。でもリクのおかげであたしたちは立ち直れたんだ。あの子、大学院で心理学を専攻しているの」

「どんな方法で立ち直ったんですか?」

「簡単だよ。馬鹿らしいくらい。やり方はね」

ナオミさんは自分の携帯電話を取り出しました。

彼女や彼女の家族を立ち直らせた方法は、どうやらそこにメモされているようでした。

四つのまゆつば

ナオミさんは指折り数えながら、携帯電話のメモを読み上げました。

「第一に、日記をつける。そこにはふたつのことを書く。ひとつ目はその日起こった『ああ、ありがたいなあ』って思うことを三つ。ふたつ目は一日のうちに起こったポジティブな体験をひとつ。あたしはむかしから日記を三日以上続けられたためしがなくてね。これも書いたり書かなかったりしてたんだけど、リクが尻を叩くからなんとか続けてる」

「たとえばどんなことを書くんですか」

「今日の日記にはまず『愛さんがわたしを頼ってきてくれた』って書くね。人に頼られるなんてありがたいじゃない。うちのカイなんかちっとも頼りにしてくれない。それからふたつ目は『ずっと秘密にしていた離婚の顛末を愛さんに告白した』って書くよ。誰かにひみつを話すことも、一歩まえに進むためのポジティブな体験だからね。こう見えてあたし、けっこううじうじするタイプなんだ」

日記をつける程度で何かが変わるわけがないと愛は思いました。まして
や達也たちの手から蓮くんを守るのに有効だとは思えません。

「日記をつけなかったら、あたし2番目の旦那を刺してたな」

ナオミさんの言葉に愛はどきりとしました。

「そんなに思い詰めていたんですか」

ナオミさんは舌をぺろりと出して「毎日、死ね死ね言ってたんだよ」

と笑いました。冗談めかして言うところに本気を感じさせます。

「次は何ですか?」

「第二はね、ええと、『他人に親切にする』こと。あ。いまちょっとう
んざりした顔をしたね。これ、すごく効くんだ」

「はあ」

道徳や宗教のお勉強をしているようだと愛は思いました。拍子抜けして作り笑いもうまくできません。

「それから第三は『運動をする』。どう?」

「身体を動かすのは大切ですよね」

「第四は『集中できることを見つける』。普通は瞑想とか座禅とか言うけど、編み物とか掃除とかでもいいと思うんだ。あたしの場合は洗濯機の水流を見つめてた。妙に落ち着くんだよ、あれ」

「洗濯機……ですか?」

愛は蓮くんの食事時間が来たことを理由にして、ナオミさんに帰ってもらいました。これ以上は時間の無駄に思えたのです。

リクくんが心理学を勉強しており、彼から習った方法で窮地を脱したという話を聴いた時、愛はこれで救われると思いました。しかしこんな簡単なやり方で何かが変わるとはとても思えません。

「がっかりだねえ、蓮」

最後のカードが不発に終わり、彼女は途方に暮れました。

わらにもすがる思い

達也の代理人だという弁護士から離婚と親権の話し合いを始めたいと連絡が来たのは、その翌日でした。

愛は蓮くんを引き渡す交渉などしたくありません。電話口で弁護士相手に怒鳴ったり泣いたりしましたが、相手は交渉のプロです。結局、１週間後に話し合いをもつ約束をさせられました。

愛はせめて達也自身と話し合いたいと要求しました。しかし達也は面会を拒んでおり、弁護士に一任しているということでした。

愛はその晩から眠れなくなりました。

蓮くんの寝顔を見ては涙をこぼし、もうすぐお別れが来るかもしれないことに気づいてスマートフォンで写真や動画を撮り、それを見てはまた泣きました。

両親にも事の次第を話しました。

父も母もこのときばかりは怒って達也の家に抗議の電話をしたり、二人揃って愛の家にやってきたりしました。両親は蓮くんとともに実家に戻るように勧めました。

しかし愛は適当に言い訳をしてマンションに留まりました。まるで悪い夢からさめるみたいに、何かの偶然で現状が打開されることを胸の内で期待していたからです。でも幸運を待つだけで物事が好転するわけはありません。何をすればいいか、彼女はまるでわかりませんでした。

一番怒ったのは兄の仁でした。家族を侮辱されて黙ってはいられないというのです。仁は両親も驚くほど感情を爆発させました。

愛は、仁に対しても冷ややかでした。逆に原因の一端はあなたにもあると八つ当たりしたほどでした。

話し合いの期日が翌日に迫った夜のことです。

愛は相変わらず蓮くんの写真を撮っては眺めていました。そのうちに今の蓮くんだけでなく生後間もない頃の姿も見たくなりました。

月齢4か月の笑い顔、3か月の泣き顔、2か月の寝顔、1か月、3週間、2週間、1週間、5日、4日、3日、2日、1日……。

スマートフォンの画面には、ついに生まれたばかりの文字通り「真っ赤な」顔をした蓮くんが写しだされました。

「蓮、蓮」

彼女は涙腺が壊れたのではないかと思えるほど涙を流しました。

蓮くんを起こさないように声を殺して1時間も泣いたでしょうか。窓の外が白み始めた頃、愛は「真っ赤な」蓮くんの写真の次に動画が保存されていることに気づきました。

愛には撮った記憶がありません。出産直後ですからそんなことができるはずもありません。

動画は1分に満たない短いものです。

彼女はスマートフォンの画面に触れました。

画面に現れたのは達也でした。


場所は産院の非常階段でした。自撮りです。愛が産気づいたのは深夜でした。それから達也は寝ずに付き添っていたので、ひげが伸び、頬がこけ、目がぎらぎらしています。

達也は腕時計を見ながら年月日と時刻を読み上げます。それから自分と愛のあいだに無事子供が生まれたと述べ、感極まったように、

「愛ちゃんありがとう。ぼく、かならず立派な父親になる」

と言いました。

愛はとっさにスマートフォンの動画を停止させました。熱いものが胸に迫りましたが、口を突いて出たのは「こんなこと言っていたくせに。うそつき」という言葉でした。


翌日、愛は蓮くんを託児所に預け、達也の弁護士と会いました。その後、両親に連絡をとり次回は弁護士を同席させることにしました。弁護士は兄の仁が手配しました。両親によると、まごまごする両親を尻目に仁が活発に動いているということでした。愛には意外でした。しかし働いていない後ろめたさか暇つぶしなのだろうと考えました。

託児所へ蓮くんを引き取りに行きました。蓮くんは託児所で愛を求めてずっと泣いていたということでした。

愛はますます追い詰められた気持ちになりました。不眠が続きましたが、眠りに落ちると人生で一番幸福だった出産直後の数日間を夢に見ました。達也が蓮くんを抱き、自分のほうをみて笑っているのです。そして「愛ちゃん、ありがとう」と繰り返します。

愛は同じ夢を幾度も見ました。

離婚してはいけないと思い始めました。

達也のことは許せません。

しかし蓮くんのしあわせのためには、仮面夫婦だろうが何だろうがやり遂げる必要があると思いました。

何かを変えなければいけない。でも何かを変える可能性のある方法を彼女はひとつしか知りませんでした。

ナオミさんに教えられた四つの方法です。

わらにもすがる思いでした。

5 しあわせになる方法

ありがたい？　ポジティブ？

愛は毎日つけている育児ノートのメモ欄に、ナオミさんから教えられた「ありがたいと思ったこと」三つと「ポジティブな体験」ひとつを書き記すことにしました。

でも何も書けません。

「ありがたい」なんてピンと来ないのです。

よくよく考えて愛は「蓮、今日も傍にいてくれてありがとう」と書きました。本当は愚痴りたかったのです。その日蓮くんは熱があり、機嫌も悪く、食欲もなく、片時も目を離せなかったからです。

他にありがたいなんて思う人はいません。

愛はノートを閉じました。

でも寝る間際になって、昼間に両親が電話をかけてきたことを思い出しました。蓮くんを病院へ連れて行く最中だったので電話は迷惑だったのですが、気にしてくれたのは「ありがたい」ことに違いありません。

愛はノートを再び開き、両親への感謝を記しました。


数日間は「ありがたいと思ったこと」を探すのに苦労しました。

でも愛は一度始めたことを途中で投げ出すのが嫌いです。無理やりにでもひねり出します。「今日はじゃがいもが安かった。スーパーの店員さんありがとう」とか。

「ポジティブな体験」のほうはもっとたいへんです。何が「ポジティブ」つまり「積極的」で「前向き」なのかさっぱりわかりません。

ナオミさんに相談すると、彼女は翌日、意外な人物を連れて愛の家にやってきました。隣の男子学生です。

玄関先で男子学生の顔を見た瞬間、愛は身構えました。ところが男子学生はいつかの夜とは別人のようにおどおどし、ナオミさんに促されて愛に頭を下げました。

ナオミさんと男子学生はあの事件で顔見知りになりました。マンションのロビーなどで数度顔を合わせたのですが、そのたびにナオミさんへ何か言いたそうな顔をしていたというのです。

彼は愛の家に怒鳴り込んだことを後悔していたのでした。しかし謝る機会がなく、後ろめたい気持ちに苛まれていたのです。

「彼を許してあげてくれないかな」

ナオミさんは言いました。

冗談じゃないと愛は思いました。自分は被害者です。許す理由がありません。しかし頭を下げる男子学生とまっすぐに自分を見つめるナオミさんに気圧されて、愛は「はい」と返事をしました。

すると大学生はほっとした表情で「ありがとうございます」と言って自室に戻りました。

その後姿を見ながらナオミさんが、

「できたじゃない。ポジティブな体験」

と言いました。

ナオミさんの派手な顔が明るく輝きます。

「人を許すなんて、物事を前向きに捉えられる人じゃなきゃできないことだよ。すっごくポジティブな体験だと思わない？」

ママのしあわせは子供のしあわせ

「ありがたいと思ったこと」と「ポジティブな体験」とを書き記す効用は、愛にはわかりません。それでも始めたことを止めない性質の愛は育児ノートに二つのことを書き続けました。

2番目と3番目と4番目の方法は一度に片づけることにしました。

蓮くんをバギーにのせて散歩へ出かけるのです。

ただ歩くのではありません。ビニール袋と火バサミをもち歩き、目についたゴミを拾うのです。これで「他人に親切にする」「運動をする」の二つの目的を達成することができます。やり方次第では「集中できること」にもなるでしょう。

ただし善い行いをするのは気恥ずかしいものです。ひとつ目のゴミを拾うまで三日躊躇しました。しかしやると決めたからにはやるのだとこころに誓い、愛は毎日続けました。

散歩中の老人から声をかけられたのは、ゴミ拾いを始めて二日目でした。老人は「えらいえらい」と愛を褒め、バギーのなかの蓮くんに「えらいママがいて君はしあわせだな」と語りかけました。蓮くんは初め、驚いて泣きだしたりしましたが、毎日なのでじきに慣れました。そのうちに散歩へ行こうとせがむようになりました。

他人から話しかけられるのは緊張するし、いちいち返事をするのは骨が折れるものです。独身時代の愛なら面倒がって人のいる場所を避けたでしょう。しかしこれは蓮を守るためのトレーニングなんだと彼女は覚悟を決めました。そうしているうちに、すなおに自分に問いかけてみると、愛は自分のこころが浮き浮きしていることに気づきました。

しかしやっぱり眉唾な方法だという疑いも晴れません。

そこでしばらく連絡をとっていなかったのぞみに相談してみました。

のぞみは新手の宗教か自己啓発セミナーではないかと言います。

「やっぱりそうだよね」

愛は何か不審な誘いを受けたら即座にやめようと思いました。

「そんなのよりもっと科学的でスマートな方法があるはずだよ。こないだの記事読んだ？　遺伝子検査とかしてみた？　かっこいいママになってね。でないとわたしが結婚したくなくなる。相手いないけど」

「考えとく。いつもありがとね」

ところが蓮くんの定期健診に産婦人科を訪れた際、医師のもとめに応じて育児ノートを差し出すと、医師が「ほう、これはいいですね」と言ったのです。メモ欄に記した「ありがたいと思ったこと」と「ポジティブな体験」のことです。

医師は言います。

「お産は人生の一大イベントです。肉体的にも精神的にもストレスがかかる。産むストレスもたいへんですが、出産で弱った身体のままで突入せざるをえない育児のストレスは並大抵ではありません。そしてそのストレスは他人にはわかりづらいんです。産みの苦しみばかりに焦点が当てられていたり、子供を得た喜びに掻き消されてしまったり。そんななかで新米ママはストレスを一人で解決せざるをえなくなり、周囲から孤立してしまう。その結果、夫婦仲に亀裂が走ったり、子供に対する愛情の掛け方を間違えたりすることがあるんですよ。当院にいらっしゃるママさんにもそういう方が大勢いらっしゃる」

愛は実感を込めてうなずきました。

「ママの子供への影響は絶大です。不機嫌なママに育てられた子は、いつもママの機嫌を窺うようになったり、ママの機嫌がよくなるよう過度に良い子を演じたりします。いわゆる愛着障害ですね。他にもいろいろな弊害がある。だからママの機嫌が安定しているに越したことはない。子供にとってママはいつも受け入れてくれる存在でなければならないんです。だけど先ほどのようにママのこころと身体にかかるストレスは生半可ではありません。では自分自身と子供さんのためにママがこころの均衡をたもつにはどうすればいいか。それは周囲の環境ではなくママ自身にかかっているんですね」

ここで愛はかちんと来ました。肉体的にも精神的にもストレスを被っているというのに、その上ママたちに何を求めるというのでしょうか。

愛が口を尖らせて言うと、医師は笑顔で受け止めました。

「いえいえ、落ち着いてください。ママたちにさらなる負担を求めるんじゃないんです。むしろ逆です。ママは子供のために自分自身がしあわせにならなければいけないんです。この育児ノートにある感謝や前向きな言葉はそのためにたいへん有効です。これは周囲の現実を変えるのではなく、あなた自身の現実の見方を変える方法なんです」

「でも先生、これって宗教とか自己啓発とか……」

「いえいえ。統計や実験に基づいた最新の心理学の成果です。そこまで心配するなら論文名をお教えしましょうか」

「いえ、そこまでは。でも、こんな簡単なことでしあわせになれるとは、やっぱり思えないんです。たしかに気持ちが楽になりました。実はわたしと夫もうまくいっていなくて……さっきのお話はわたしたちのことだと驚いていたんです。でもこんな簡単なことで解決できるなんて」

「できるんですよ。その証拠に……前回いらっしゃった時と今回とでは表情がちがいます。ママも蓮くんもしあわせな顔です」

人生をつくろう

さてこんなことをしている間にも、離婚への話し合いは少しずつ進んできます。愛は両親と頻繁に連絡をとるようになりました。実際に動いているのは兄の仁のようでしたが、愛と電話のやりとりをするのは母ばかりです。愛は母に仁がなぜ張り切っているのかと尋ねました。母も仁がそのことについて何も答えないのだと不思議そうです。

「ぐうたらで何をやってもダメな兄が、なぜわたしのために」

愛は仁に直接理由を質《ただ》そうと考えました。そこで母が電話をしてきたとき、仁に代わるよう頼みました。

電話口に出た兄は黙っています。愛も黙ってしまいました。

そういえば直接話したのは十年ぶりです。しかも最後の会話は愛の一方的な罵倒で終わっていました。

だから愛はこう言うのが精一杯でした。

「お兄ちゃん、いろいろありがとう」

仁から返事はありませんでした。しばらくするといつの間にか電話を代わっていた母が「あんた、何を言ったの！」と愛を問い詰めました。

「何って。いったいどうしたの？」

「お兄ちゃん、いきなり出て行っちゃったじゃない。あんたはむかしから物言いがきつい。またひどいことを言ったんだね」

「違うよ。お母さんこそいつもそうやってわたしやお兄ちゃんを――」

あっと思って、愛は口を閉じました。そして、母のいいところを見るんだ、いいところを見るんだと念じました。しかし時すでに遅しです。

「今回のことをお兄ちゃんがどれだけ心配してるか、あんたわかってるの！　お兄ちゃんはね、やればできる人なの。わたしはずっと信じてたの。やっと待った甲斐があったって喜んでいたのに。それをあんたは……あ、仁。どこへ行っていたの。泣いてるのかい。あんたは悪くない」

「違うんだよ、母さん」

仁の声が受話器の向こうで聞こえました。仁は愛の言葉に感激したのです。あふれる涙を隠そうと、あわてて部屋を出たのでした。

母は愛が驚くくらい幾度も愛に謝りました。振り返ってみると、家族がいて本当によかったと愛が心の底から思ったのは、物心がついてからこのときが初めてでした。

その日の夜、愛は幼いころの仁との思い出に浸りました。

仁とは二つ違いです。中学までは互いの恋愛相談ができるような仲の良い兄妹でした。ところが仁が高校受験に失敗し中学生浪人の道を選んだころから二人のあいだの歯車が狂い始め、ほんの半年で目も合わさない関係になってしまいました。そして仁は志望とはまったく異なる高校へ入学し、そこで不登校となり、ひどく肥満し、家族と言葉も交わさず、プライベートにも仕事にも身を入れない、精気のない、つまらない男に成り果ててしまった。……

その時、愛はあることを思い出しました。

母が兄妹に暴力を振るうのは父が仕事で不在の時でしたが、仁は愛をかばって、愛の二倍も三倍も母に叩かれていたのです。

それにしてもなぜ、母は子供たちに厳しく接し、兄はわたしを必死に守ったのだろう。いずれも本人たちに訊かないとわからないでしょう。本人たちだってもう忘れている可能性のほうが高いでしょう。

愛はすやすやと眠る蓮くんの寝顔を眺めながら涙を流しました。

独身時代は兄のことなんて考えるのも嫌でした。しかし今は目を背けずに事実と真っ直ぐ向き合うことができるようになったと、愛は思いました。母のこともです。父のことだって。愛は家族の一員であることを幾度もかみしめました。

——これってあの、誰にでもできる、魔法でも特殊技術でも才能でも何でもない、たった四つの方法で得たことなんだ。

あまりに簡単で、最初は馬鹿にしていたのに――。

愛は自分自身のなかにかすかな自信のようなものが芽生えてくるのを感じました。すうっと息を吸い込むと、秋の冷たい空気が肺の底まで満ちてゆきます。

さあ次は、愛自身の家族をつくる番です。

変えられるものを変えていく

次の日、愛は達也に対して「ありがたいと思ったこと」を片っ端から育児ノートにつけようと、朝から晩まで彼のことを考えました。

しかしひとつも思い浮かびません。

達也の顔とともに思い浮かぶのはまだ、恨みつらみの言葉ばかりでした。ふと思い立って実家に電話をしてみました。しかし渦中に巻き込んだでしまった両親や兄に、達也への感謝の言葉があるかなどと尋ねられるわけがありません。

のぞみにもメールしてみました。「わるい。会議中」という返信が来ました。肝心なときに相談にのってくれないなんてと愛は腹が立ちましたが、考えてみれば当然です。むしろ会議中にもかかわらず、返信を送ってくれたことに感謝すべきだと彼女は気づきました。

「気にしないで。こちらこそごめん」

彼女はすぐにのぞみに返信しました。


やっぱりこういうときはナオミさんしかいません。

家を訪ねてみるとナオミさんは不在で、研究レポートを執筆中だという長男のリクが留守番をしていました。

四つの方法をナオミさんに伝授したのはリクです。

何かアドバイスをくれるかもしれません。

愛が思い切って事情を説明してみるとリクは、とてもいいことだとうなづいてくれましたが、成り行きを知らないので安易に相談を受けることはできない、母に連絡しておくということでした。

1時間ほど家でやきもきしていると、愛のスマートフォンにナオミさんから電話が入りました。

ナオミさんはいつもより元気でした。

声が大きすぎて聞き取れないこともありました。

愛はちょっと不自然だなと思いましたが事情を話すと、ナオミさんは「ほんのちょっとの時間なのにもうそこまで考えたんだ。愛さんはやっぱりすごいわ」とさらに明るい声で言いました。

ナオミさんは三つのアドバイスをしました。この三つを使って、達也に感謝することを探してみてはどうだろうかと言うのです。

ひとつは「立場を変えて考えてみる」です。

「どうやるんですか？」

「角を突き合わせていると良い面なんて思い浮かばないでしょ。だから違う人の脳みそを借りるんだ。たとえば……蓮くんの立場から旦那さんを見たらどうだろう、とかね。つまり違う角度から物事を見てみるというテクニックなの」

次のアドバイスは「制限をはずしてみる」です。

「制限ってなんですか？」

「貧乏が原因でいさかいが起こっているのなら、もしお金があったらどうだろう、って考えてみるんだ。他には、もし蓮くんを授からなかったら二人の仲はどうだっただろう、とかね。思い込みをぜんぶ取り払ってしまうという意味があるわ」

三つめは「時間の見方を大きく変えてみる」です。

「これもよくわかりません」

「人間てさ、今現在のことだけを考えると前に進むことも後ろに引くこともできなくなる。そこで時間を長くとらえてみるの。たとえば、50年後の愛さんの視点で旦那さんを見てみる、とか。そうすれば、表面でなくほんとうに大切なことが見えてくるの」

愛はうんうんとうなずきはしましたが、どれも表面的で血が通ったやり方ではないような気がしました。

「たしかにファストフードの接客マニュアルみたいだよね。でも病気で指が利かなくなった人には、指が動く仕

組みを勉強させるより指を動かす訓練をさせたほうがいいでしょ。こころも同じなんだ。まず身体を動かせばこころはあとで付いてくる。変えられるものから変えていくんだよ。うん。あたしはそう信じる」

やっぱりナオミさんはいつもより元気でした。

愛に見えてきたこと

感謝するには、言葉や態度をよい方向に解釈しなければなりません。

愛は達也に言われたことを思い返してみました。

「君はまじめすぎる。ぼくはときどき息が詰まりそうになる。蓮だってきっと同じだ。いい加減その性格を直せよ」

思い出しただけで腹が立ちます。

よい解釈をしようとしても悪感情が邪魔をします。

「『君はまじめすぎる』『いい加減その性格を直せよ』。たしかに子供のころから言われているわたしの欠点だ。彼はより深くわたしを愛するために、わたしの欠点を直してほしいと思って言ったんだ。『ぼくはときどき息が詰まりそうになる』。うん。『いつも』と言わないで『ときどき』と言ったところに達也のやさしさが現れている。『蓮だってきっと同じだ』。彼も蓮のことを一番に考えている。わたしと同じだ」

自分でそんなことを考えながら、うそ臭いなあと愛は思いました。

家族のことや蓮くんの教育について投げかけられたひどい言葉も、よい解釈をしようと試みました。

しかし同じように空々しい言葉が浮かんでくるばかりです。

でも愛はナオミさんが言う通りに、こころのトレーニングとしてこれを続けることにしました。

続けることなら得意です。

ベビーベッドの一件を考えてみました。

達也が日曜大工の道具や材料を買い込んできたのは、育休期間の前夜です。まるで釣果を誇るようにそれらを愛に見せました。愛はそんな達也にうんざり……していませんでした。的外れだけどどこか愛嬌のある達也の愛情表現も、あの当時は嫌いではなかったのです。

そういえば達也は家事を何ひとつまともにできませんでしたが、結婚するまで実家住まいで、家事を経験したことがなかったのです。

「人の役に立ちたいけれど、その能力が自分にないとわかったとき、自分ならどうするだろう」

愛は考えました。

慣れないことに手を出して右往左往するのをやめて、自分の得意なことで精一杯貢献したいと思うはずです。達也が突然、蓮くんの教育プランをつくったり未来像の構築にこだわるようになったのも、そう考えれば合点がいきました。

「彼は彼なりに蓮とわたしのことを考えていたんだ」

そうひらめいた途端、まるでオセロのコマのように、達也への評価が変わるのを愛は感じました。

達也はうそをついていませんでした。

「愛ちゃんありがとう。ぼく、かならず立派な父親になる」という自撮り動画の言葉にいつわりはなかったのです。経験不足から来る勘違いやら間違いやら的外れやらが多かっただけでした。

ふだんの愛なら笑って許すようなことがほとんどです。

でも彼女自身が、出産と子育てという、女性の一生でももっとも肉体的精神的につらい事柄と戦っていたので、物事の悪い面ばかりを見てしまい、結果として悪い未来ばかり想像していたのでした。それが、ほんとうに悪い事柄ばかり招いてしまったのだとしたらどうでしょう。

「わたしはたいへんなことをしてしまった」

愛はがくぜんとしました。

6 しあわせをつづける

つぎはあなたを助けたい

愛はまたナオミさんの家を訪れました。

しかしナオミさんはいません。長男のリクが申し訳なさそうにしています。ソラちゃんはハイハイをする蓮くんに会えてごきげんです。

でも、

「ママとカイにいちゃんがいなくてつまんないんだ」

と愛に言いました。

愛は二人に事情を尋ねましたが要領を得ません。リクは何か言いたそうですが、口をつぐみます。仕方なく愛はその晩は家に引き上げました。すると翌日、ナオミさんから電話がかかってきました。

ナオミさんはたいへんな出来事の渦中にあったのです。


彼女の二番目の元夫が麻薬取締法違反の疑いで地方の警察に勾留され、身元引受人として彼女の名前を挙げたというのです。

正式に離婚し縁もゆかりもないからとナオミは断ろうとしましたが、事情を漏れ聞いたカイくんがどうしても会いたいと言って聞かないので、ナオミさんとカイくんが現地に赴いたのでした。

「でもあたしのことは気にしないで。愛さんのほうはどうなの」

愛は遠慮しながらも、自分が置かれた境遇を説明しました。

「やっぱり気づいたんだね。あたし、愛さんが学生の男の子とトラブルを起こしたとき、少し旦那さんと話したんだ。愛さんのことをとても心配してね。早く帰ってあげたいけど仕事が片づかない。自分の能力の低さに腹が立つみたいなことを言ってた。いい旦那さんだと思ったよ」

「ナオミさんはなぜそれをわたしに話してくれなかったんですか」

「こころの体勢が整っていないときは何を言ってもだめさ。悪い解釈が成り立つように屁理屈をごねたりする。人間は自分で発見したこと以外は胸に響かないんだよ」

「……たしかに、そうです」

「でもすごい。愛さんはちゃんと自分で旦那さんのよさを発見した。そして立ち直ることができた」

「立ち直るなんて。わたしはようやく自分が変な穴に落ち込んでいたことに気づいたんです。それが達也のこころが離れていくきっかけになったこともわかりました。でも、じゃあ、ここからどうすれば元の鞘に収まるのか。それがわからなくて」

「大切なのはそこ?」

ナオミさんが訊きました。

「そこって?」

「旦那さんとよりを戻すことだよ」

「そうです」

「よりを戻すだけですべてが解決するかな?」

「もちろん、しあわせな生活を取り戻さなければ意味がありません」

「そうだよ。ああ、やっぱりわかってるね。結婚生活とか家族が一緒に暮らすとかはもちろん大切だけど、その目的はみんながしあわせになることなんだ。じゃあ『しあわせ』って何だろう。しあわせの定義は人それぞれなんて言われるけど、本当はそうじゃないんだ。ちゃんと、はっきりとわかるんだよ。そしてそれが……ああ。ごめんなさい」

ナオミさんは突然、電話口で声を詰まらせました。

「ナオミさん、どうしたの？　ナオミさん？」

「ああ。何でもない。ごめんなさいね」

でもナオミさんの声は明らかに変でした。

激しく動揺しているようです。

深刻な悩みを抱えているのだろうと愛は思いました。そしてあるアイデアを思いつきました。

「今日はもう十分です。いつもお話を聴いてくれてありがとう。ナオミさんには本当に感謝しています。あの……差し支えなければ……わたしみたいな人間でも役に立つかもしれません。いつかナオミさんがわたしにしてくれたみたいに、わたしに話を聴かせてくれませんか」

親のやくわり

「あたしは復縁する気も一緒に住む気もないの。それどころかあの人には二度と顔を見せるなって言ってあった。クスリで捕まるなんてクズのやることだし、子供たちに顔向けできないだろうって。カイはショックでグレちゃうし、ソラだってうすうす気づいてたからね。カイが立ち直ったのはつい最近なんだ。それなのに……あたしは正直、弱いあの人が憎くて仕方がない。でもね、カイは憎くないって言うんだ。自分とソラにとっては大切なやさしいパパなんだからって。許してあげようよって。ママはいつも人を許せとか前向きに生きろとか言っているくせに、パパのことになると人が変わったようになる。そっちのほうがおれは許せないって……」

「いいお子さんじゃないですか。ナオミさんの教育がよかったんですよ」

「頭ではあたしもわかってるの。許してあげよう。そうすればお互い前に進むことができるって。でもね、まえに愛さんがお隣の大学生さんといさかいになったとき、愛さんは猛獣みたいに怒ったでしょう。あれと同じ母親の本能が許さないんだよね。この人と一緒にいたら子供たちに害が及ぶ、ってね。名前を聞くだけでかっとなる」

愛にも覚えがありました。

一時は達也のことを考えるだけで吐き気を催すほどだったのです。

でも今は違います。

「まえに教えてもらった四つの方法を使ってみたらどうですか」

愛はそう言ってみました。

「うん。わかってるわかってる。ありがとう。わかってるんだ」

とナオミさんは答えました。

「だけどなかなかうまくできない。こ

ころの整理がつかないんだ。愛さんや子供たちには偉そうなことを言うのに……情けないよ」

「そんなことはないです。こころの問題だから簡単にできるほうがおかしいんです。ナオミさんはまともなんです。わたし、ますますナオミさんのことが好きになりました」

「ありがとう。うれしいな。……こうやって問題にぶつかってみるとさ、しあわせになることって終わりがないね。ずっと続いている気がする。きっと90歳や１００歳になってもおんなじことをしているだろうな。何とかなるさってね」

そうナオミさんに言われて、愛ははたと気づきました。

「わたし、今の言葉で蓮を思い浮かべました。ナオミさんにもまえに話しましたけど、わたしは蓮にしあわせになってほしいとだけ思っていたんです。でもそれを達也になじられた。そんな雲をつかむような、無計画なビジョンじゃ子供なんか育てられないって。たしかにそうだったんです。親は『しあわせになってほしい』ではだめなんです。『しあわせってなんだろう』ってずっと考え、それを実践し続ける人間に子供を育てなければいけないんです。それが親の役割なんだって。リクくんやカイくんやソラちゃんみたいに。三人はそれぞれ全然ちがう個性をもっているけれど、どこか通じるものがあると感じていました。そうか、それだったんですね」

「そう？　ほんとうにそう感じる？」

「やっとわかりました。達也が求めていたこともわたしが言いたかったことも、両方とも間違いじゃないということも。ううん。わたしたちだけじゃない。誰も間違えていなかったんですね。そうだ、きっとそう」

愛は熱に浮かされるようにしゃべりました。ナオミさんが電話の向こうから愛の名前を呼ぶのも聞こえませんでした。

「愛さん、あたしも肝心なことを忘れてたよ。愛さんが思い出させてくれたんだ。ありがとう。勇気が湧いたよ」

二人はそれぞれの健闘を祈って電話を切りました。

愛の決断

二人が電話で話し合ってから1週間後、ナオミさんが愛の家をひょっこりと訪れました。ナオミさんはひとつの決意を愛に話しました。

逮捕された元夫は飲食店を経営していました。社長が逮捕されたことで経営難に陥り、数人いた従業員は生活に窮しているというのです。元夫が罪を償うあいだ、彼女はその会社の経営を助けることにしたというのです。

「愛情なんてない。ただ社員の人たちがかわいそうなだけ。あいつが刑務所から出てきても絶対に一緒には住まないよ。甘えて近づいてきたらパンプスのかかとで思い切りけっとばしてやる」

ナオミさんはそんな軽口を叩きますが、愛には、彼女が選んだ未来には困難しかないように思えました。

しかし愛は、それが傍から見た感想にすぎず、本人が苦労だと思わなければ苦労ではないということもわかっていました。

なぜなら彼女もすでに困難の渦中にあったからです。

愛は達也にメールをし、手紙を書きました。

そして別居を始めてから考えたこと、反省したこと、思ったことのすべてを彼に打ち明けました。

達也から返事は来ませんでした。

気持ちが通じたかどうかは定かではありません。

話し合いが不調に終われば、やがて離婚調停が始まり、達也と愛と蓮くんの運命が決まるでしょう。

しかしどんなことが起こっても彼女は受け入れる術をもっています。

それを使って誰よりも早く立ち直ることができます。

たとえ離れ離れになっても、そうやってたくましく生きることの大切さを蓮くんに伝えたい。

方法はあるはずだと彼女は思いました。

きっと見つかるはずです。

彼女自身がしあわせを求め続けてさえいれば――。


ナオミさんは別れ際に、愛さん宛の手紙を残していきました。

とても分厚い封筒です。

便箋には、まるで愛さんのこころを読み取ったかのように「しあわせトレーニングの方法」と題された文章が綴られていました。執筆は、長男のリクくんが助けてくれたということです。

第2部　ナオミさんからの手紙

――しあわせトレーニングの方法

1 しあわせとはなにか

人には、いろいろな目標や目的があります。
しかしそれらの目標をたった一言で表すとすれば、
「しあわせになりたい」
でしょう。
新米ママも、赤ちゃんにしあわせな人生を送ってほしいはずです。
子育ては、そのための土台作りです。

しあわせな人生の土台とはどういうものでしょうか？

みなさんの大切な赤ちゃんが、数十年の人生をまっとうして死の床に就いたときに「ああ。しあわせな人生だった」と言葉を発することができる。これが人生の究極の目標です。

そのとき、ママさんたちはこの世にいません。そうでなくても、成人すれば子供たちは物理的にも精神的にもママさんたちから離れてゆきます。子供のころのように「ああしなさい、こうしなさい」と世話を焼くことができないのです。

しかし、ママがいなくても、子供たちが、この究極の目標を達成できる考え方や行動の習慣を身につけていればよいはず。これが「しあわせな人生の土台」です。

では土台作りの具体的な方法をお教えするまえに「しあわせ」について考えましょう。

あなたはどんなときにしあわせを感じますか？

ご飯を食べているとき？　眠りについたとき？　セックスの快楽を深く味わったとき？　趣味に没頭しているとき？　ボランティア活動で他人に感謝されたとき？　試験に合格したり、目標を達成したとき？　夫や彼氏、友だちに頼られたとき？

全部正解です。すべてがしあわせなのです。

でもこれらは「一瞬のしあわせ」です。

「しあわせな人生」を作ろうとするなら、これら「一瞬のしあわせ」という糸を束ね、一本のロープにしなければなりません。

ロープはなるべく太いほうがよいでしょう。

なぜなら太いロープのほうが切れにくいからです。

ポジティブ心理学では、このロープを「持続的幸福」と言い、このロープを太くする方法を確立することを目標にしています。

ここでポジティブ心理学の視点から、しあわせの定義についておさらいしてみましょう。

ポジティブ心理学では、人がしあわせかどうかについて七つの尺度をもち、以下のような質問で計っています。

①ポジティブ感情

質問内容↓「総じて、自分はどれくらい幸せだと思いますか?」

②エンゲージメント(愛着、思い入れ)、興味関心

質問内容↓「自分は新しいことを学ぶのが大好きだ」

③意味・意義、目的

質問内容↓「たいていの場合、自分のやっていることは有益で価値のあることだと思う」

④自尊心（自尊感情）

質問内容→「たいていの場合、自分はとてもポジティブな人間だと思う」

⑤楽観性

質問内容→「いつも自分の将来について楽観的だ」

⑥レジリエンス（柔軟性）

質問内容→「自分の人生で何かうまくいかなくなったとき、たいていの場合、普通の状態に戻るのにしばらく時間がかかる」（逆だと答えた場合、レジリエンス力が高い）

⑦ポジティブな関係性

質問内容→「自分のことを気にかけていくれる人がいる」

（セリグマン『ポジティブ心理学の挑戦』55ページ）

ここでわかるように、「しあわせ」は快楽（一瞬のしあわせ）とは異なります。もちろん快楽を含みますが一部にすぎません。

考えてもみてください。

「しあわせ」＝快楽（一瞬のしあわせ）であるなら誰が好んで子供を作るでしょうか。時間も手間もお金もかかるし、子供たちが将来自分たちを助けてくれる保証もありません。

実際、子供のいる夫婦といない夫婦の生活満足度を比べてみるといない夫婦のほうが高いのです。だけど人類は誕生してからずっと、子供を産み育てるという作業をつづけています。

実はこのことが、快楽（一瞬のしあわせ）だけでなく、③や⑦で表される人生の意味や関係性が「しあわせ」の構築に大きく寄与している証拠なのです。

「本当のしあわせ」を得たいなら、ひとつの「一瞬のしあわせ」を他の

「一瞬のしあわせ」の増進につなげて、ロープ（持続的幸福）を太くすることをこころがけましょう。

2 しあわせになるトレーニング

ではどうやったら、ロープを太くできるでしょうか。

ふたたびセリグマンの『ポジティブ心理学の挑戦』からおもしろい例を紹介しましょう。

私（筆者註―セリグマン）の友人で、ニューヨーク・ストーニーブルク大学医学人文科学センター長のステファン・ポストが、彼の母親の物語を語ってくれたことがある。彼がまだ幼かったころ、自分の子どもが不機嫌なのを見て母親がこう言ったそうだ。

「ステファン、あなた機嫌が悪いようね。外に出て、誰かを助けてきたらどう?」(同41ページ)

このエピソードが示しているのは、「不機嫌」つまり「ふしあわせ」に陥りそうになっても、自分で工夫すれば「機嫌がよくなる」つまり「しあわせ」な感覚が得られるのだということです。

持続的幸福というロープは自分の意思で太くできるのです。

以下の項ではその方法について代表的なものを紹介しましょう。

1. ポジティブな感覚を強化する

これは日記を使った方法です。

●その日起こった「ああ、ありがたいなあ」って思うことを三つ書く

●ふたつ目はその日起こったポジティブな体験をひとつ書く

この二つを毎日続けることで、ポジティブ感情を強化します。

なぜこの訓練が必要なのでしょうか。

それは、人がしあわせを感じるのは、環境に依るところが10パーセント程度、そして本人の脳が環境の情報をどのように処理するかに依るところが90パーセント程度だと考えられているからです。

つまり「赤ちゃんの泣き声がわずらわしい」と感じる人と「赤ちゃんの泣き声が愛おしい」と感じる人では、同じ環境下でも、感じるしあわせの絶対

量が違うのです。

また人の脳は、環境を肯定的、楽観的に受け入れている状態のほうが、否定的、悲観的状態よりはるかに高い能力を発揮できます。

知性や創造性が高まり、活力が増大するのです。

ある研究によれば、ポジティブな状態の脳はネガティブな状態の脳より31パーセントも生産性が高くなるという結果が出ています。

これまで一般常識では、

一生懸命努力する
↓
よい結果を得る
↓
しあわせになる

←ポジティブになる

と思われていました。しかし前述した脳の特性を考慮すると、

しあわせになる（①）

←ポジティブになる

←脳が活発になり、能力も高まる

←よい結果を得る

しあわせになる（②）

という順序を選んだほうが理に適っているのです。

日記を使った方法は、「感謝」や「ポジティブな出来事」を追体験することで、脳を「しあわせ」な状態（①）にしています。

同じようにポジティブ感覚を強化する方法として、先の引用に登場した「他人に親切にする」「集中できることを見つける」「運動をする」があります。

2. 自分の強みを活かしましょう

しあわせトレーニングのもうひとつの大きな柱は、「自分の強みを活かす」ことです。

強みには「才能に関する強み」（芸術的スキルや恵まれた容姿、運動能力など）や「外的条件の強み」（お金持ちの家や高学歴な家系に生まれるなど）、それから「徳に関する強み」（誠実さ、愛情、リーダーシップなど）があります。

人はむずかしい問題にぶつかると、自分の弱みにばかり注目し、つい消極的になってしまうものです。

たとえば人前でスピーチをする機会が訪れたとき、「恥ずかしがり屋な自分」という弱みばかりを考えて、つい尻込みしてしまう場合などです。

しかしこのとき、「堂々と発表する姿をみんなに見せたい」（容姿という才能に関する強み）とか「この課題についてどうしてもみんなに伝えたい」（熱意という徳に関する強み）に注目してみるとどうでしょう。こころのなかに積極的な姿勢が芽生えるのではないでしょうか。

これが自分の強みを活かすということです。

ポジティブ心理学では、さまざまな強みのなかでも「徳に関する強み」を活用することがポジティブな感覚の形成に役立つと考えています。

この「徳に関する強み」は、次の6分野24項目に分けられます。

（1）知恵と知識に関する強み

①創造性

②好奇心

③向学心

④柔軟性

⑤大局観

（2）勇気に関する強み

⑥誠実さ
⑦勇敢さ
⑧忍耐力
⑨熱意

（3）人間性に関する強み
⑩親切心
⑪愛情
⑫社会的知能（他者に配慮した、実践的な知恵）

（4）正義に関する強み
⑬公平さ
⑭リーダーシップ
⑮チームワーク

（5）節制に関する強み

⑯寛容さ／慈悲心
⑰慎み深さ／謙虚さ
⑱思慮深さ
⑲自己調整
（6）超越性に関する強み
⑳審美眼
㉑感謝
㉒希望
㉓ユーモア
㉔宗教性／スピリチュアリティ
（ピーターソン『ポジティブ心理学入門』150〜157ページ）

なぜ才能や外的条件に関する強みではなく「徳に関する強み」を活か

すことに焦点を当てるのでしょうか。

それは、才能や外的条件より、徳を活かして成功を収めるほうが満足度が高いからです。

さらに同じ徳のなかでも、「③向学心」などのように自分自身に向かう徳より、「⑨熱意」「⑪愛情」「㉑感謝」「㉒希望」といった他者に向かう徳を発揮したときのほうが、しあわせをより深く感じることがわかっています。

また徳には四つのすぐれた性質があります。

ひとつ目は、才能や外的条件は使えばなくなりますが、徳は使ってもなくならないという点です。

ふたつ目は、才能や外的条件は活用しようとしてもできない場合が多くありますが、徳は発揮しようと思えば、いつでもどこでも誰でも発揮することができるという点です。

三つ目は、人の持つ徳が仕事や趣味、人間関係と合致した場合、深い満足を得ることができる点です。

四つ目の徳の性質は驚くべきものです。徳は危機や困難によってさらに高まる可能性が高いのです。たとえば深刻な病気からの快復は、⑦勇敢さ、⑩親切心、㉓ユーモアという徳を増幅し、いわゆる「人としての懐の深さ」を作り出します。

このような強みを活かせばポジティブさを感じる機会が増えます。このことは「一瞬のしあわせ」を増やすことに通じ、引いては持続的幸福というロープを太くすることに役立つのです。

この強みは現在さまざまな検査によって知ることが可能です。

身体的遺伝的強みは、ＤＮＡ検査で知ることができますし、「徳に関する強み」はＶＩＡ（強み）テストによって知ることができます。

まずは自分の強みを知ること、そして子供の強みを知り、それを伸ばすように工夫してあげることが大切です。

3．人との絆はスキルを磨くことで得られます

ここまで読んでいただければわかるように、しあわせは一人では手に入れることができません。

先に述べたポジティブ心理学におけるしあわせの尺度でも「⑦ポジティブな関係性」を挙げていますが、そのまえに誰でも日常生活でその大切さを実感していることでしょう。

ポジティブ心理学では、たとえばあいさつや会話などといった対人行動のスキルの高低によって、「一瞬のしあわせ」の量が大きく変化すると考えています。

ここでは多くの対人行動スキルのなかから、もっとも大切なもののひ

とつである「積極的・建設的反応」を紹介します。
たとえば、子供さんにこう話しかけられました。

「今日、幼稚園で絵をほめられたよ」

あなたはどう返事をしますか?

①「すごい! えらいねえ。どんな絵だったの? ママに教えて」(息子の目を見たり、手をとったりしながら)
②「すごい! えらいねえ」(言葉以外では感情表現をしない)
③「それより昨日壁に描いた落書きを消しなさい」(顔を見て、しかめっつらで)
④「夕飯何にしようかしら」(背を向ける)

もちろん①を選ぶはずです。

①を「積極的・建設的反応」といいます。

つまり相手の発言を「しっかり受け取って」「全身で関心のあることを表し」「新たなサインを入れて投げ返す」のです。

こうすれば、相手は自分が関心を寄せられており、尊重されており、配慮されているのだと感じます。

つまり相手のポジティブな感覚を活性化してくれるのです。

そうなれば多少意見の相違があったとしても、お互いに妥協点を見つけようと努力するでしょう。

②は「受動的・建設的反応」、③は「積極的・破壊的反応」、④は「受動的・破壊的反応」に分類されます。

②③④では、相手はポジティブな感覚をもつことができません。これ

が繰り返されると、二人の関係は壊れていくのです。

ちなみに、「ポジティブ発言対ネガティブ発言」＝「2・9対1以上」の会社は経営状態がよく、「5対1以上」のカップルは関係が良好だという研究結果が報告されています。

だからといって、ポジティブな発言ばかり行った場合は、逆にポジティブな発言が相手の信頼を損ね、効力を失います。

流行の「ほめて育てる」教育の落とし穴がここにあります。

セリグマンは前出の『ポジティブ心理学の挑戦』のなかで、ポジティブな発言を船の帆、ネガティブな発言を船の舵にたとえています。

相手をほめることは重要ですが、「ただほめればいい」わけではないのです。


こうした「どのように受け答えするか」といった対人行動スキルは

「ソーシャルスキル」と呼ばれています。

スキルとは技術のことです。

技術ですから、苦手な人でも訓練によって上達できます。日本には武道などで「まず型を覚える」という訓練方法がありますが、「ソーシャルスキル」を向上させ、それをしあわせの糸口に利用する方法論は、この「まず型を覚える」やり方に似ています。

3 困難を新しい何かに変えましょう

とはいえ、わたしたちは常に困難に遭うリスクにさらされています。

2011年3月に東北で起こったあの悲劇を思い出してみてください。自然は善悪など関係なくすべてを押し流してしまいます。

日常生活にもそんな危険は転がっています。明日あなたのもっとも大切な人が交通事故に遭ったり、通り魔に襲われたり、原因不明の難病に罹る可能性はゼロではないのです。

はたまた、連れ合いが別れを切り出してきたり、お得意様がいきなり契約を打ち切ってきたり、親友だと思っていた人がひどい裏切り行為を働いたり……。

赤ちゃんが突然熱を出したり、言うことをまったく聞いてくれなかったり、静かにしていてほしいときにかぎって泣きだしたり、などということも、ママにとっては逃れられない困難のひとつです。

そんなとき「前向きになれ」と言われても虚しく響くだけです。

しかしこのような場合に必要なのは、後悔や不安で頭を一杯にすることではなく、「いかにすばやく悲観的なものの見方に反論するか」を考えることです。

そのために必要なのは、ひとつの出来事をいろいろな側面からポジティブに評価できるスキルです。

ここで、先に述べた強み、特にどんな局面でも価値が下がることがなく、困難が大きければ大きいほど真価を発揮する「徳に関する強み」が活用できるはずです。

困難に直面して落ち込むのは仕方ありません。しかし一刻も早くポジティブな感覚を取り戻しましょう。ポジティブな感覚は、脳を活性化させ、創造性に富み、能力を高めるのだということを思い出してください。それが困難の解決を早めるのです。

ただし、ポジティブなほうがよいからとか、前に進むためにといった楽観を得るために、起こった出来事の責任をすべて他者に押しつけるのはやめましょう。

起こった結果については真摯に受け止めなければなりません。そのうえで「次にうまくやるにはどうすればいいか」をポジティブに考えればよいのです。

そうすれば、困難やストレスは、あなたへの脅威でなく、あなたが成長する機会に変わるのです。

4 助けてもらいましょう

繰り返しになりますが、ポジティブな感覚を得て、しあわせを手に入れるためには、人と関わりあうことが大切です。

世間では独立心や自分の足で立つことが極端に称揚され、人に頼ったり頼られたりするのは、弱く未熟な者の行動だと考える傾向も見受けられます。しかし他人とうまく関わるスキルをもつ者こそが、「一人前」と呼ばれるにふさわしい人間なのです。

心理学では人間関係のある側面を「公平理論」によって捉えています。公平理論とは、親密な関係にある二者それぞれは、その関係から得られるものと費やすものの程度に応じて、関係を継続するか否かを決めるという理論です。

たとえば、お金がなくて乱暴な男性と付き合っても、費やすものが得られるものに対して少ないので、たいていの女子はすぐに別れようとするでしょう。ところがお金がなくて乱暴であっても人もうらやむ美男子であれば、得られるものが増えるので、別れようとしない女子が現れるかもしれません。

男女関係にかぎらず親しい間柄のなかには、意識するとしないとにかかわらず、この公平性が前提だというのが公平理論です。

この理論から考えれば、それに見合うだけのものを相手に与えることができれば、親しい相手に助けを求めても問題ないことになります。

このとき相手に与えるのは、たとえばポジティブな意見や日頃からの励まし、共感や思いやり、サポート行動などです。

あなたが相手にいつも感謝し、その気持ちを伝えているなら、あなたはすでに相手があなたに何かを費やすのに十分なものを与えていることになります。

遠慮なく人の助けを借りましょう。

そのためにも、日頃から人にポジティブな感覚を分け与えてあげましょう。

なぜなら、先に述べたように、どんなに優秀な人でも、人間として生きているかぎり、自分一人の力ではどうしても対応できない事態に、必ず遭遇するからです。

それは地震や津波、火山の爆発のような天災かもしれませんし、夫がひそかに行っていた不倫を見つけてしまうことかもしれませんし、あなた自身は宝物だと思っているけれど、大人の常識がひとつも通用しない、あなたのかわいい赤ちゃんが引き起こすさまざまな緊急事態かもしれません。

そうした危機的状況をしっかりと受け止め、正しく落ち込み、即座に前向きな態度がとれる人間になる。

じつはそれが、しあわせな人生を送るために一番重要なスキルなのです。つまり、みなさんが自分の赤ちゃんに教えなければならない、人生を豊かにすごすための「土台」なのです。

5 結局、赤ちゃんにどう対処すればいいの？

1から4までは、赤ちゃんだけでなく、人間一般がしあわせになるためのトレーニングを紹介しました。

じゃあ、赤ちゃんにしあわせな人生を送ってもらうために、たった今、お母さんがやるべきことは何なのかという疑問にお答えしましょう。

それは、赤ちゃんが目をくるくる動かしたら、お母さんも目をくるくる動かし、赤ちゃんが笑ったら微笑みかけ、赤ちゃんが手足を動かしたら一緒に興奮し、赤ちゃんが泣いたらその不快の原因を一緒に探してやることです。

つまり、自分が何かを伝達すれば、必ず反応してくれる保護者がいるのだぞというメッセージを、交換し合うことが大切なのです。

この愛し愛されるという関係は、ときに甘いものですが、ときにたいへんつらいものです。特に現代のお母さんたちは、孤立無援である場合が多く、さまざまな声、情報、感情にもみくちゃにされています。

「もうだめ。赤ちゃんの世話なんかできない」

そう思った時にこそ、このしあわせトレーニングを思い出してみてください。そして実践してください。

きっと希望の光が見えてくるはずです。

新米ママの先輩として——むすびにかえて

妊娠・出産は、結婚とならび女性の人生における最大のイベントのひとつです。世間一般では、日に日にお腹が大きくなる妊娠期間と、赤ちゃんが生まれる出産のシーンにばかり注目が集まりますが、出産した女性がほんとうにたいへんなのは、出産以降つまり、赤ちゃんを育てる期間です。

出産で体力が低下したますぐに、一人では生きられない赤ちゃんの世話にとりかかるのですから、その苦労は並大抵ではありません。

幼児虐待や育児放棄による事件のニュースに接して「一歩まちがえればわたしもああなっていたかもしれない」と肝を冷やした人はひとりやふたりではないはずです。

しかしこの期間のママたちの苦労は世間一般にはあまり知られていません。世間だけでなく、一番そばにいる夫や同性の友人、母親なども新米ママさんの苦労を理解する努力を怠っているようです。

孤立無援に陥っている新米ママは、想像以上に多いのです。

このことを知ったのは、わたし自身が妊娠し子供を産んだときです。

それまでは赤ちゃんも子供も大嫌いでした。

人の多い場所で赤ちゃんが泣いたり、子供が騒いだりすると、冷たい目を向けたり舌打ちをしたりするひどい大人がいますが、わたしもそのタイプだったのです。

それに実は、自分が母親になるなど夢にも思っていませんでした。

わたしは社会人としてのキャリアのほとんどを、銀座有数のクラブのホステスやママとして過ごしました。

相手にしたお客様は1日50人。それを17年間です。お客様は、誰もが知っている有名企業の経営者やスポーツマン、アーティストから、何でお金を稼いでいるかわからない謎の人物まで多士済済です。

元々肝がすわっていたほうですが、いろいろな方と接することで、世間の裏も表も知り尽くすことができました。

だから、少々のことではあわてない自信がありました。

そんなわたしでしたが、自分の産んだ赤ちゃんにはとことん振り回されました。言うなれば自分の息子が、わたしを徹底的に振り回した最初の男性になったわけです。

しかも肝心の夫は理解がないどころか、わたしを独占する赤ちゃんに嫉妬して「第二の赤ちゃん化」する始末。育メンなんてこの世のどこに存在するのかと思うような体たらくでした。

おかげで、銀座時代には毎晩シャンパンを浴びるように飲んでも平気だったわたしの身体は、過労とストレスで悲鳴をあげ、何度も病院のお世話になり、何度も家を飛び出す羽目に陥りました。

しかし大切な赤ちゃんに暴力をふるおうとか育児放棄しようなどと思ったことは一度もありません。それどころかどんなに気持ちが荒んでいても、息子の顔を見るだけで、森の奥にある波ひとつ立たない湖のように穏やかになることができました。

でも……。

結局、わたしは夫と別居する道を選びました。息子は女手ひとつで立派に育て上げようと決心したのです。しかし、働く父親、尊敬する同性が身近にいない場合、子供はちゃんと育つのだろうか。わたしは父と母の両方の役割をちゃんと果たすことができるのだろうか。

そんな不安で頭がいっぱいになるようになりました。

いくら考えても答えは出ません。

そこでわたしは子供のこころを学ぼうと心理学の勉強を始めました。それが自分と同じような問題に悩む新米ママがとても多いこと、それなのに彼女たちに手を差し伸べる人が少ないこと、前向きに生きることに関する心理学が近年たいへんな発達を遂げていること、そのノウハウが子育てにとても参考になることを知り、カウンセリングルームを立ち上げるに至ったのです。


この本は、ポジティブ心理学にもとづく「しあわせを得る方法」の紹介に多くのページを割いています。

ママと赤ちゃんについての本であるにもかかわらず、どうして育児法でなく、「しあわせを得る方法」なのか。

そんなふうに不思議に感じた方も多いでしょう。

これは「愛着理論」（Attachment Theory）にもとづいています。

愛着とは母親と子供とのあいだに結ばれる絆です。

愛着理論は、子供が精神的によく社会に適応した成長を遂げるには、「安全基地」にたとえられるような親密な関係の養育者の存在が必要だという考えです。

幼児は安全基地を根城に社会を探索し、また安全基地に戻ります。虐待や育児放棄、さらにはモンスターペアレント化によって安全基地が失われると、将来の人格形成に大きな不安要素を残すと言われています。

ところが、安全基地であるべきママたちはどんな状態でしょう?

出産と産後の身体的疲弊、それにともなううつ状態などの精神的疲弊、親や伴侶からの目に見えないプレッシャーなどで、とてもじゃないが安全基地の役割を果たせないと思い悩んでいるママがたいへん多いのが現状です。

しかも先の述べたように、社会はなぜかママたちにきびしいのです。「お母さんになった人は誰でも通った道なのだから、あなたにできないわけがないでしょう」とか「そんな甘えた考えでは一人前の母親にはなれませんよ」とか。

そうした声が、さらにママたちを追いつめてしまうのです。

子供たちの健全な成長のためには、まずママがしあわせにならなければいけないと考えたのは、こうした理由からです。

本書の考えに賛成していただける方はもちろん、「育児がとにかくつらい」と感じているすべての方々にしあわせになっていただきたい。

それがわたしの願いです。

この本でわたしは、自身の考えをみなさんに聴いていただきました。
つぎはわたしが、みなさんのお話に耳を傾ける番です。
さあ、遠慮なさらずに。
あなたの声をお聴かせください。
そして一緒に前を向きましょう。
もうママ業はブラック仕事じゃありません。

2015年秋

株式会社SPSコンシェルジュ代表　尾畠真由美

尾畠 真由美（おばた まゆみ）

NPO日本家族カウンセリング協会員。DNAアドバイザー／病児保育スペシャリスト／心理カウンセラー／幼稚園教師／保母免許保持。山口県出身。高校を卒業後、大学の児童教育学科に入学し、幼児教育を専攻。卒業後、銀座の高級クラブに勤務し、約1万人のお客様の公私にわたる相談相手となる。38歳の時に高齢出産を経験。妊娠時に子供の遺伝子に興味を持ち、DNAアドバイザーの資格を取得。その後、子宮頸がん0期やパニック障害を乗り越え、DNAアドバイザーの道へ。現在ではDNAアドバイス以外にも、子供の教育や女性のキャリアプランまで、様々なカウンセリングを行っている。

●株式会社SPSコンシェルジュ WEBサイト
http://spsc-heart.com/

～育児に疲れていませんか？～
子育てをブラックにしないための最新心理メソッド

2016年2月24日　初版発行

著　者　　尾畠真由美
定　価　　本体価格1,400円+税
発行所　　株式会社　三恵社
〒462-0056 愛知県名古屋市北区中丸町2-24-1
TEL 052-915-5211　FAX 052-915-5019
URL http://www.sankeisha.com

ISBN 978-4-86487-422-9 C0077 ¥1400E